Ils étaient noirs, aux yeux d'or

Ils étaient noirs, aux yeux d'or

Anne Jacobs

Head of Language, West Denton High School, Northumberland

Illustrated by Evelyn Stepto

Edward Arnold

First published 1972
by Edward Arnold (Publishers) Ltd.,
25 Hill Street,
London, W1X 8LL

ISBN 0 7131 1747 8

The Publishers wish to thank
Mr Ray Bradbury for the permission
he so kindly granted to Mrs Jacobs
to base her book on the outline of
his story 'Dark they were and
Golden-eyed', originally published in
S is for Space (Rupert Hart-Davis
Ltd 1968).

Set in 12 on 13 point Baskerville
Printed in Great Britain by
Billing & Sons Limited
Guildford and London

Table des matières

Préface

This book is intended for pupils who have done the main tenses in French and who need practice in learning to recognise them. At this stage they are often suffering from a surfeit of tense-drills and need something to bring those "endings" to life!

I have tried to find a story so gripping that pupils would WANT to read on and certainly this one had that effect on my human guinea-pigs. I am indebted to Ray Bradbury, who has allowed me to use the plot of one of his science-fiction stories, "Dark they were and golden-eyed", as the basis of the book.

I have included a fairly comprehensive vocabulary list so that pupils will not long be delayed by new words and there are also sets of exercises whose aim is to give practice in tenses and consolidate vocabulary. I can recommend this book for good third-year classes, fourth and fifth-year pupils on the "O" Level or C.S.E. trail, sixth-formers re-sitting "O" Level and adult learners. The story will appeal to any age group.

Finally, I would like to thank my human guinea-pigs, who inspired me to write this and whose help and comments were invaluable.

ANNE JACOBS

Imaginez que vous avez émigré sur Mars. Imaginez qu'il y a une guerre nucléare sur la Terre et que vous ne pouvez pas y retourner. Imaginez que votre corps commence a se transformer. Vous grandissez! Votre peau devient plus foncée! Vos yeux deviennent jaunes!...

Chapitre 1

Une fusée venant de la Terre traversa le ciel et atterrit sur une des vastes prairies de Mars. Le métal se refroidit vite dans le vent continuel et la porte s'ouvrit. Les cent passagers descendirent et prirent immédiatement la direction de la petite ville. Mais les derniers, une famille de cinq, s'arrêtèrent un moment pour regarder cette planète toute nouvelle pour eux.

L'homme regarda les étranges prairies martiennes. Il les trouvait très bizarres. Il n'aimait ni l'herbe raide ni les couleurs des plantes. Il frissonna, malgré le soleil — car vous savez qu'il fait toujours chaud sur Mars. La prairie était vaste, mais la ville bâtie par les colons américains était très petite.

Sa femme aussi tremblait un peu. Elle regardait ses enfants. Ils paraissaient si petits, les prairies si vastes! Elle avait peur pour eux. Tout était étrange, tout était inconnu.

Les enfants regardaient leur père sans rien dire. Il avait l'air froid et sévère.

"Qu'est-ce qu'il y a?" demanda sa femme.

"Retournons à la fusée!" cria soudain l'un des enfants.

"Tu veux retourner sur la Terre?"

"Oui, maman. Oh! Ecoute!"

C'était le vent qui soufflait, le vent qui sifflait. Ils eurent peur d'être emportés par ce vent. Le vent ne cessait pas, même un instant, de siffler sur les prairies. Ils n'aimaient pas ce vent de Mars.

Ils pouvaient voir au loin des collines, les vieilles collines de Mars. Elles étaient basses et bleues à l'horizon. Il y avait d'anciennes villes martiennes parmi ces collines. Elles avaient l'air de squelettes blancs se détachant sur le bleu.

"Des squelettes blancs!" pensa l'homme et de nouveau il frissonna.

I

"Courage, Harry!" lui dit sa femme. "Il est trop tard maintenant. Nous avons fait un voyage de soixante-cinq millions de miles. Nous devons rester ici. Nous ne pouvons pas retourner sur la Terre."

Les enfants aux cheveux blonds et aux yeux bleus reprirent soudain courage et se mirent à crier, "Ohé! Nous sommes arrivés!" Mais la seule réponse fut le bruit du vent dans l'herbe raide, du vent qui soufflait et sifflait toujours.

Après quelques minutes l'homme saisit les bagages de ses mains froides. "Partons," dit-il, et ils s'en allèrent enfin vers la ville comme les autres passagers.

Chapitre 2

Ils s'appelaient Bittering. Harry et Cora, les parents; Tim, Laura et David, les enfants. Ils venaient d'émigrer sur Mars.

Ils bâtirent une petite maison, blanche et bleue. Ils avaient apporté leurs propres meubles de la Terre et ils vivaient dans le confort. La maison était près de la petite ville construite par les premiers colons, où les enfants allaient chaque jour à l'école.

Monsieur Bittering était fermier. Il s'attaqua à l'herbe raide de Mars et la brûla. De cette prairie étrange il fit des champs. Il était bien content de voir des légumes et des arbres fruitiers en provenance de la Terre remplacer cette herbe bizarre. Il les planta avec soin et les arrosa chaque jour avec l'eau du canal. Plus tard il fit pousser une pelouse et des rosiers pour sa femme.

C'était presque comme sur la Terre. Presque! Cependant, ils étaient toujours un peu inquiets, ils avaient toujours un peu peur. Peur de quoi? Ils ne le savaient pas. Les parents en parlaient quelquefois.

"Je me sens comme un grain de sel dans un ruisseau," dit un jour Monsieur Bittering. "Je fonds, je change. Nous ne sommes pas d'ici; nous sommes d'une autre planète. Ici tout est trop différent. C'est fait pour les Martiens, mais pas pour les humains. Je ne me sens jamais à l'aise, je ne sais pas pourquoi. Je ne veux pas rester ici. Pour l'amour de Dieu, Cora, prenons des billets et retournons sur la Terre!"

"Mais non!" répondit sa femme d'un ton ferme. "Un jour il y aura une guerre sur la Terre. Beaucoup de gens seront tués par les bombes nucléaires. Je ne veux pas mourir. Je préfère rester ici. Nous y sommes plus en sécurité." Et c'est pourquoi ils restèrent.

Chapitre 3

Chaque matin toute la famille se levait à sept heures. Monsieur Bittering descendait toujours le premier. Il aimait faire une petite inspection de la maison pour voir si tout était en ordre. Il regardait dans chaque pièce; il inspectait les meubles et les plantes; il regardait par chaque fenêtre. Il ne savait pas pourquoi, mais le matin il était toujours un peu inquiet. Cependant tout semblait normal.

Chaque matin, à sept heures et demie, le journal arrivait de la Terre en fusée. Et chaque matin, Monsieur Bittering se disait, en le lisant: "Je suis très content de ma nouvelle vie," mais chaque fois c'était en vain. Quelque chose l'inquiétait, il ne se sentait jamais à l'aise — c'était peut-être le vent.

"Nous faisons partie des nouvelles colonies," déclarat-il un jour. "Voyons! Aujourd'hui il n'y a que mille hommes sur Mars, mais dans un an il y aura un million de colons, il y aura de grandes villes, tout changera. On disait que nous ne pourrions pas coloniser cette planète. On disait que nous serions tués par les Martiens. Est-ce que nous avons trouvé des Martiens? Non, nous n'en avons pas vu un seul! Oh, nous avons trouvé les vieilles villes martiennes, oui, mais désertes; il n'y avait personne. N'est-ce pas, mes enfants?"

Le vent souffla soudain plus fort et fit trembler les vitres. Quand le bruit eut cessé, Monsieur Bittering regarda ses enfants une seconde fois. "J'ai raison, n'est-ce pas, mes enfants?" répéta-t-il.

Personne ne répondit tout d'abord, puis David, le fils cadet se décida à parler: "Je ne sais pas," dit-il. "Il y a peut-être, des Martiens, mais nous ne les voyons pas. Quelquefois, la nuit, je pense les entendre. J'écoute attentivement. Ce n'est que le vent, qui fait trembler mes

4

vitres. Mais j'ai peur. Et je pense aux villes, là-haut dans les montagnes, où il y avait autrefois des Martiens. Et je pense voir des choses, papa, des choses qui vont et viennent dans les villes. Et je me demande si ces Martiens nous aiment, ou bien s'ils se vengeront un jour parce que nous sommes venus sur leur planète!"

"C'est absurde!" dit Monsieur Bittering, en regardant par la fenêtre. "Nous sommes des gens honnêtes." Il se tourna alors vers ses enfants. "Et il n'y a plus de Martiens. Toutes les vieilles villes se ressemblent quand elles sont mortes." Mais il se détourna très vite et son regard se perdit dans le lointain. "On voit une maison et on essaie d'imaginer les gens qui y vivaient jadis. Ce qu'ils étaient. Comment ils vivaient. Quelle était leur langue. C'est tout naturel. Ah! L'imagination!" Il cessa de parler un moment, puis reprit "Tu n'es pas allé dans les ruines?"

"Non, papa." Mais David regarda le plancher et non pas son père.

"N'y va jamais! Passe-moi la confiture."

"Quand même," se dit le petit David, "quelque chose va arriver."

Chapitre 4

Ce quelque chose arriva l'après-midi même. Laura rentra à la maison en courant. Elle pleurait. Elle avait l'air désespérée.

"Maman! Papa!" cria-t-elle. "La guerre, la Terre! Oh, maman, il y a une guerre sur la Terre! On vient de l'entendre à la radio. C'est terrible! Des bombes nucléaires sur New York. Beaucoup de gens tués. Et toutes les fusées détruites. Toutes les fusées! Plus de fusées pour Mars. Nous ne pourrons jamais retourner sur la Terre."

"Mon Dieu, Harry," dit la mère, en prenant la main de son mari.

"En es-tu absolument certaine, Laura?" demanda le père d'une voix grave.

Laura pleurait. "Oui, papa. Je l'ai entendu à la radio. Oh, papa, nous devrons rester sur Mars toujours, toujours!"

Pendant un long moment personne ne parla. Ils avaient reçu un choc. Ils avaient bien pensé à une guerre nucléaire, mais ils ne l'avaient pas crue possible. Ils ne savaient ni que dire ni que faire. Pendant longtemps il n'y eut que le bruit du vent, soufflant et sifflant autour de la maison.

"Seuls sur Mars," pensa Monsieur Bittering. "Et il n'y a que mille hommes ici. Impossible de retourner — impossible!" Qu'il avait peur! Il avait envie de frapper Laura et de crier, "Tu t'es trompée!" mais il savait qu'elle disait vrai. Il caressa la tête de sa fille et dit, "Non, nous ne serons pas obligés de rester toujours sur Mars. Un jour il y aura d'autres fusées et nous retournerons sur la Terre."

"Quand?"

"Oh, dans cinq années, à peu près. Il faut cinq années pour construire une fusée. La guerre ne sera pas longue. Oui, dans cinq années il y aura d'autres fusées."

"Mais qu'allons-nous faire ici?" demanda la mère.

"Ce que nous faisons tous les jours. Planter, travailler, attendre. La guerre finira et les fusées reviendront. Nous devons attendre patiemment."

A ce moment-là les deux garçons entrèrent dans la maison.

"Mes enfants," dit le père, "j'ai quelque chose à vous dire."

"La guerre? Nous en avons entendu parler à la radio. C'est passionnant, n'est-ce pas?"

Chapitre 5

Plus tard Monsieur Bittering alla travailler dans les champs. Il voulait être seul pour réfléchir. Avant la guerre il pouvait se dire : je peux partir ; si je veux, je peux prendre un billet et retourner sur la Terre — rien de plus simple. Mais maintenant il n'y avait plus de fusées. Lui et les autres hommes de la Terre étaient obligés de rester sur Mars, avec son herbe bizarre, son soleil brûlant et son vent incessant. Qu'allait-il leur arriver ?

Il s'agenouilla parmi les plantes et se dit, "Il faut travailler ; travailler et oublier."

Il leva les yeux vers les montagnes martiennes. Il se demanda quels noms les Martiens avaient pu donner à ces montagnes. Personne dans la ville ne connaissait les anciens noms de ces montagnes. Personne ne parlait martien maintenant, sauf les archéologues. Les hommes de la Terre étaient venus en fusées. Ils avaient regardé les montagnes, les vallées et les canaux où avaient habité un jour les Martiens et ils leur avait donné des noms terrestres.

Harry Bittering se sentait très seul dans son jardin martien, plantant les fleurs de la Terre dans un sol sauvage et étranger. Il continua à penser, mais essaya d'oublier la Terre, la guerre et les fusées perdues. Il avait chaud et ôta sa cravate, puis sa veste. Il les accrocha à un poirier qu'il avait apporté de la Terre et planté lui-même.

Toujours pensif, il bêcha un peu. Il continua de penser aux noms. Les hommes avaient appelé les collines New Idaho Hills ; ils avaient appelé la vallée New Kennedy Valley et le canal Roosevelt Canal. Ils essayaient de créer une nouvelle Terre sur Mars. Etait-ce possible ?

Il regarda ces New Idaho Hills et cria d'un air de défi : "Etes-vous là ? Vous, les Martiens, les morts — êtes-vous

8

encore là? Nous voici. Seuls maintenant; faibles maintenant. Descendez! Mille hommes ne peuvent pas faire grand'chose contre vous."

Le vent souffla encore plus fort et quelques fleurs de poirier tombèrent à ses pieds. Il en ramassa une de sa main bronzée, la regarda attentivement et poussa un cri de surprise. Il s'agenouilla, en ramassa d'autres, les examina, les toucha plusieurs fois, Puis il appela sa femme.

"Cora! Cora! Viens vite!"

Elle apparut à la fenêtre. Il courut vers elle.

"Cora, regarde ces fleurs!"

Elle les prit, les examina, mais ne leur trouva rien de spécial. "Qu'est-ce qu'elles ont?" demanda-t-elle.

"Ne le vois-tu pas? Elles sont différentes. Elles ont changé. Quelque chose leur est arrivé."

Elle les regarda encore une fois." Moi, je ne vois rien de nouveau," dit-elle.

"Elles ne sont pas comme d'habitude. Elles ont changé," répéta-t-il. "Je ne sais quoi exactement: un pétale de plus, une feuille différente, ou bien la couleur ou l'odeur peut-être: il y a quelque chose de différent. Je ne me souviens pas très bien des fleurs de poirier de la Terre, mais je suis certain....Oh! je sais, Cora, qu'il y a quelque chose de changé."

Les enfants vinrent regarder leur père, qui courait autour du jardin comme un fou, arrachant des radis, des oignons, des carottes.

"Cora, viens voir!"

Ils examinèrent les oignons, les radis, les carottes.

"Ont-elles vraiment l'air de carottes?"

"Oui...non." Elle hésita. "Je ne sais pas. Je ne sais plus."

"Elles sont différentes, j'en suis sûr."

"Peut-être."

"Mais c'est sûr! Tu vois bien que tous les légumes ont changé. Des oignons, à peu près; des carottes, presque. Quant au goût, c'est presque le même, mais un peu différent — l'odeur semble la même, mais elle est différente aussi." Son coeur battait, il avait peur. Il ramassa une poignée de terre et la fixa attentivement. "Cora, qu'est-ce qui se passe? Je n'aime pas cette planète, elle me fait peur. Partons! Sauvons-nous vite!"

"Papa, papa! Regarde les rosiers. Que c'est amusant! Les roses sont vertes!"

Ils allèrent voir les roses. Les enfants trouvaient cela amusant, mais les parents s'inquiétaient. Ils avaient peur de ces changements. Ils savaient trop bien qu'ils ne pouvaient pas quitter Mars. Toutes les plantes de la Terre changeaient. Est-ce que les gens allaient changer, eux aussi?

Chapitre 6

Deux jours plus tard, Tim entra dans la maison en courant. "Venez voir, tous, venez!"

Ils allèrent à l'étable et regardèrent leur unique vache. Une troisième corne commençait à pousser. Les enfants riaient beaucop, les parents ne dirent rien.

Peu à peu, la pelouse devant le maison changea de couleur. L'herbe de la Terre devint violette sur Mars.

Madame Bittering, sachant qu'elle ne pouvait rien faire, finit par accepter ces changements. "Après tout," disait-elle, "c'est très jolie, une pelouse violette. Moi, j'aime bien cette couleur. Nous sommes tous en très bonne santé. Ces changements ne peuvent pas être mauvais pour nous. Ne t'inquiète pas, Harry!"

Mais Monsieur Bittering s'inquiétait beaucoup.

"Il faut s'en aller," répétait-il tout le temps. "Il faut quitter cette planète! Si nous mangeons ces légumes, nous changerons aussi, et Dieu sait comment! Si nous buvons le lait de cette vache, qui n'est plus une vache, nous changerons aussi. Ca, c'est certain! Je ne veux pas que cela arrive. Je dois vous protéger contre les mauvais effets de cette planète. Il n'y a qu'une chose à faire — brûler ces plantes, tuer cette vache!"

"Est-ce nécessaire, mon ami?" murmura Cora. "Les légumes ne sont pas empoisonnés, après tout."

"Mais si! Un peu, un tout petit peu. Oh, ce n'est pas un poison qui tue, c'est un poison qui change. Veux-tu changer Cora? Veux-tu voir changer nos enfants? Il ne faut pas manger de ces légumes, il ne faut pas boire de ce lait."

En parlant, il jeta un coup d'oeil à la maison et dit soudain, avec consternation. "La maison! Même notre

maison! Le vent qui souffle tout le temps l'a changée; le soleil qui brille sans cesse l'a brûlée. Ce n'est plus la maison d'un homme de la Terre."

"Oh, c'est ton imagination! Tu es fatigué, c'est tout, et tu t'imagines toutes ces choses."

Il n'écoutait pas. D'un air résolu il mit sa veste et sa cravate et dit: "Je vais en ville, Cora. J'ai quelque chose à faire là-bas, je ne peux pas attendre. Je reviendrai plus tard. Au revoir."

"Attends un moment, Harry!" cria Cora.

Mais il était déjà parti.

Chapitre 7

Dans la ville un groupe d'hommes causaient sur la terrasse de l'unique café. Ils avaient l'air insouciants, très heureux. Ils avaient un air indolent.

Harry Bittering avait envie de tirer un coup de revolver pour les réveiller.

"Que faites-vous là, imbéciles," pensa-t-il. "Assis à causer pendant que tout le monde change autour de vous. Vous avez entendu les nouvelles, mais vous ne vous dérangez pas. Nous sommes tous prisonniers ici. Il faut faire quelque chose, mais vous ne faites rien. N'avez-vous pas peur? Ne voulez-vous pas vous échapper?" Mais il n'avait pas le courage de parler ainsi à ses amis et à ses voisins.

"Bonjour, Harry," dirent les hommes, d'un ton amical. "Comment vas-tu?"

"Mon dieu!" s'exclama-t-il, trouvant soudain le courage de parler. "Vous avez entendu les nouvelles à la radio l'autre jour, n'est-ce pas?"

"Oui," dirent-ils en souriant. "Oui, bien sûr."

"Et qu'est-ce que vous allez faire?"

"Faire, Harry, faire? Mais que peut-on faire?"

"On peut construire une fusée. On peut quitter cette planète. Voilà ce qu'on peut faire!"

"Une fusée, Harry, pour connaître la guerre nucléaire? Mais pourquoi?"

"Mais ne voulez-vous pas quitter cette planète? N'avez-vous pas remarqué les fleurs, les légumes, l'herbe, les animaux? N'avez-vous rien remarqué?"

"Oh, oui, ça," dit un des hommes. "Ce n'est pas important."

"Et vous n'avez pas peur de ces changements? Vous n'avez pas peur de changer vous-même?" demanda Harry.

13

"Pourquoi s'inquiéter quand on ne peut rien y faire?"

Cette attitude agaça Harry. "Idiots! Imbéciles!" s'exclama-t-il.

Ils ne répondirent rien, mais ils sourirent de voir Harry si furieux.

Bittering avait envie de leur crier: "Vous devez vous inquiéter. Vous devez travailler avec moi pour protéger vos familles. Si nous restons ici nous changerons. Il nous faut quitter cette planète." Mais il savait que toute parole était inutile.

Il se tourna vers un de ses meilleurs amis. "Sam," dit-il, "tu es ingénieur, ne veux-tu pas m'aider?"

"Comment?" demanda Sam.

"Aide-moi à construire une fusée, une petite fusée. Tu as un chantier, tu es ingénieur...?"

"Harry, j'ai un tas de métal et j'ai aussi des plans. Si tu veux travailler dans mon chantier, tu le peux. Si tu veux construire une fusée, tu le peux. Je te laisse ce métal pour cinq cents dollars. Mais je ne peux rien faire d'autre. En travaillant seul tu pourras construire une jolie fusée en vingt ans, à peu près."

Tout le monde éclata de rire.

"Ne riez pas!" cria Bittering.

Mais ils continuèrent de rire, même Sam. Bittering les regarda.

"Sam," dit-il soudain, "tes yeux...."

"Eh bien, qu'est-ce qu'ils ont?"

"Tu avais les yeux gris, n'est-ce pas?"

"Oh, je ne m'en souviens pas."

"Si, si, ils étaient gris, j'en suis sûr."

"Pourquoi me parles-tu de mes yeux, Harry?"

"Parce que maintenant, Sam, ils sont jaunâtres. Tu commences à changer, tout comme les plantes et les animaux!"

"Vraiment?" demanda Sam, l'air amusé.

"Et tu es plus grand, plus mince...."

"Peut-être, as-tu raison. Mais ce n'est pas important. Je me sens bien."

"Sam, les hommes n'ont jamais eu les yeux jaunes."

"Harry, de quelle couleur sont tes yeux?" demanda Sam.

"Mes yeux? Mais ils sont bleus, naturellement."

"Regarde!" Sam lui tendit une petite glace. "Regarde tes yeux! Comment sont-ils, hein?"

Bittering hésita un moment, puis se regarda dans la glace. Il y avait de petites taches or dans le bleu de ses yeux.

"Tiens, Harry," dit Sam d'un ton surpris. "Tu as cassé ma glace!"

Chapitre 8

Harry acheta le métal à son ami. Il étudia les plans de la fusée et il commença à la construire. Cela était bien difficile pour lui, parce qu'il n'était pas ingénieur, mais il s'y acharna. De temps en temps des hommes venaient lui rendre visite sur le chantier. Ils regardaient ce qu'il faisait, ils lui parlaient un peu, faisaient quelques plaisanteries et partaient. Parfois, même, ils l'aidaient à soulever une lourde pièce de métal. Mais généralement ils se contentaient de rester près de la porte ouverte et de le regarder de leurs yeux jaunissants.

"Il est presque sept heures, Harry," disaient-ils. "Arrête-toi, repose-toi un peu avant de manger. Viens boire une bière."

Mais Bittering continuait à travailler. Sa femme lui apportait son dîner dans un panier. La première fois, regardant dans le panier, il dit d'une voix ferme, "C'est de la nourriture martienne, je n'en veux pas. Je ne mangerai que de la nourriture de la Terre. Ne me donne jamais des choses du jardin. Rien du sol de Mars. Apporte-moi de la nourriture surgelée, de notre réfrigérateur."

Sa femme regarda le tas de métal. "Tu ne sais pas construire une fusée," dit-elle. "Et de plus, tu ne peux pas faire ce travail tout seul."

"Si! J'ai travaillé dans un chantier quand j'avais vingt ans. J'ai passé tout un été dans un chantier quand j'étais étudiant. Je connais les outils, je sais construire des machines. Et quand j'aurai commencé, les autres m'aideront. Tu verras," ajouta-t-il. Mais il n'osait pas la regarder dans les yeux. Il retourna à son travail.

"Oh, Harry!" dit-elle à voix basse, ne sachant que faire avec un homme si obstiné.

"Il faut s'échapper, Cora, il le faut absolument," répéta-t-il.

Elle quitta le chantier pour retourner à la maison.

Chapitre 9

Chaque nuit le vent sifflait doucement sur les prairies. Il traversait les vieilles villes blanches, là-haut parmi les collines, et il passait également par la ville des hommes, là-bas dans la prairie.

Dans sa petite maison près de la ville Harry Bittering dormait mal. Il savait qu'il changeait, que malgré tous ses efforts, lui et sa famille changeaient tout le temps. Couché avec sa femme dans un lit confortable, il pouvait ressentir des changements dans son propre corps, dans ses propres os. Son sang coulait plus lentement, son coeur battait plus lentement. Sa femme, qui dormait tranquillement près de lui, était maintenant très bronzée par le soleil de Mars. Elle était presque noire, elle avait les yeux jaunâtres. Elle grandissait, devenant plus mince. Les enfants aussi étaient grands et noirs aux yeux d'or. Harry n'osait plus se regarder dans le miroir. Il ne voulait pas voir les changements de son propre visage. Il ne voulait pas changer.

Et le vent soufflait toujours, soufflait et sifflait parmi les roses vertes et l'herbe violette.

Bittering avait peur. La peur était en lui. Il avait peur tout le temps — dans la ville, dans la maison, sur le chantier — mais la nuit, dans son lit, c'était pire. Dans son lit pourtant si confortable il pensait et il tremblait. Il se tournait et se retournait sans cesse. Il dormait très, très mal.

Une nuit qu'il ne dormait pas, une étoile verte se leva dans le ciel. C'était la Terre. Harry la regarda par la fenêtre, et un mot étrange sortit de sa bouche.

"IORRT. IORRT." Il le répéta plusieurs fois.

C'était un mot martien, il en était sûr. Pourtant il ne connaissait pas la langue martienne !

Au milieu de la nuit il se leva, quitta sa chambre et descendit au salon pour téléphoner à Simpson, l'archéologue.

"Simpson, que veut dire le mot 'IORRT'?"

"C'est l'ancien mot martien pour désigner la Terre, notre planète. Pourquoi me demandez-vous cela à cette heure de la nuit? Qu'est-ce qu'il y a?"

"Rien. Rien." Il laissa glisser l'écouteur.

"Allo? Allo?" répéta la voix, mais il n'écoutait pas. Il regardait l'étoile verte. Qu'elle était lointaine! Est-ce qu'il retounerait jamais sur la Terre?"

Chapitre 10

Il travailla dur pendant les jours suivants. Il prit tous ses repas sur le chantier. Il y dormit même quelquefois. Il construisait le chassis de la fusée. Deux ou trois des hommes l'aidèrent de temps en temps, mais sans enthousiasme. Il était très fatigué, car il travaillait comme un fou. Un jour il alla au café se reposer un peu et boire une bière.

"Tu as l'air bien fatigué," dit Sam. "Pourquoi ne te reposes-tu pas davantage ?"

"C'est l'altitude," dit un homme en riant.

"Est-ce que tu manges assez, Harry ?" demanda un autre, riant aussi. (Tout le monde savait qu'Harry ne mangeait pas de la nourriture de Mars.)

"Oui, je mange assez," répondit-il, fâché.

"Rien que de la nourriture surgelée ? Ce n'est pas assez quand on travaille dur, comme vous."

"Si, c'est assez !"

"Tu maigris, Harry."

"Non !"

"Et tu grandis, aussi !"

"Tu mens !"

"As-tu regardé tes yeux, Harry ?"

Il se leva brusquement et quitta le café.

Chapitre 11

Quelques jours plus tard sa femme l'appela dans la cuisine.

"Regarde, Harry," dit-elle. "Regarde dans le frigidaire. On a tout mangé. Il ne reste plus rien. Nous n'avons plus de nourriture de la Terre. Nous devrons manger comme les autres. Nous devrons manger des légumes et de la viande de Mars."

Il se laissa tomber sur une chaise sans rien dire.

"Et toi aussi," continua-t-elle, "il faudra que tu en manges aussi. Tu es très fatigué, mon ami."

"Oui," admit-il. "Oui, je suis fatigué — et faible. Il faut que je mange davantage. Comment est-elle, cette nourriture de Mars?"

Il prit un sandwich et le regarda sans enthousiasme. Il l'ouvrit et en examina le contenu, puis il le referma. Il en mangea un petit morceau.

"Il n'est pas empoisonné," dit sa femme. "Et moi, je le trouve délicieux."

"Oui, tu as raison, je suppose." Et avec l'air d'un homme qui s'empoisonne, il mangea le sandwich très rapidement. Puis il saisit un verre de lait de leur vache à trois cornes et le but rapidement aussi.

"Et prends un jour de congé, mon ami," dit Madame Bittering. "Il fait si chaud. Les enfants veulent aller nager dans le canal, ils veulent faire une promenade en auto. Viens avec nous. Tu as besoin d'un jour de congé."

"Je n'ai pas le temps. Il faut finir la fusée. Il faut s'échapper!"

"Une heure, alors, une heure seulement," pria-t-elle. "Tu peux prendre une heure. Tu travailleras mieux après. Et puis tu ne viens jamais avec nous. Les enfants ont besoin de voir leur père quelquefois."

Harry se leva. Il faisait chaud, comme toujours. Et il était couvert de sueur, comme d'habitude. "Eh bien, entendu. Laisse-moi tranquille. Je viendrai."

"J'en suis très contente, Harry."

Chapitre 12

Le soleil brillait, il n'y avait pas de nuages. Rien ne bougeait sur les prairies; personne ne travaillait, ni dans la ville, ni dans les fermes. Le père et la mère marchèrent le long du canal, tandis que les enfants, en maillots de bain, couraient çà et là. A midi on s'arrêta pour manger des sandwichs au fromage rose de Mars. et des fruits étranges de leur jardin. Monsieur Bittering était surpris de les trouver aussi délicieux.

Il regarda sa femme et ses enfants. Ils étaient très bronzés; ils étaient presque noirs. Il vit leurs yeux jaunes, leurs yeux qui auparavant étaient bleus. Non, se dit-il, pas jaunes exactement, leurs yeux sont trop brillants, ils ont plutôt des yeux d'or. Oui, des yeux d'or. Il eut peur pendant un moment, mais la peur disparut. Il avait chaud, il se sentait bien et le soleil était si beau. Il se coucha sur le sable rouge, trop fatigué pour avoir peur, trop fatigué pour s'inquiéter.

"Cora," demanda-t-il lentement, "depuis combien de temps as-tu les yeux jaunes?"

Elle fut surprise. "Depuis toujours, je suppose."

"Ils n'ont pas changé pendant ces trois derniers mois? Ils n'étaient pas bleus auparavant?"

Elle réfléchit un moment et dit, "Non. Pourquoi me demandes-tu cela?"

"Comme ça, c'est tout."

Ils restèrent un moment sans parler. "Les yeux des enfants," reprit-il. "Ils sont jaunes aussi."

"Les yeux d'enfants changent très souvent. Ils grandissent tout le temps. Mais qu'importe?"

"Et nous aussi, peut-être sommes-nous des enfants sur

Mars, sur cette planète bizarre, car nous changeons et nous grandissons. Voilà une nouvelle idée! Notre seconde enfance!" Il rit soudain. "Je vais nager. Tu viens?"

"Non, pas encore, je suis trop bien ici."

Il plongea dans le canal avec les enfants. Il se laissa couler au fond du canal, sous les eaux vertes. Il resta au fond dans le silence vert. L'eau ètait paisible. "Voici au moins une chose martienne que j'aime," se dit-il. Il se laissa aller avec le courant et peu à peu il remonta. Il se laissa porter par l'eau martienne sous le beau soleil martien. "Moi aussi, je deviens martien," se dit-il, et maintenant il ne s'en inquiétait plus.

Tim était assis sur le bord du canal. "UTHA," dit-il.

"Comment?" demanda son père. "Que dis-tu?"

Le garçon sourit. "Tu sais. UTHA est le mot martien pour papa. Je le préfère."

"Où as-tu appris ça?"

"Je ne sais pas. Quelque part. UTHA?"

"Que veux-tu, mon fils?"

Le garçon hésita. "Je...je veux changer de nom, utha."

"Changer de nom?"

"Oui."

Sa mère vint les rejoindre. "Tu n'aimes plus qu'on t'appelle Tim?"

Le garçon hésita encore. "L'autre jour tu as appelé Tim, Tim, Tim. Je n'ai même pas entendu. Je me suis dit, "Ce n'est pas mon nom." Je veux avoir un nouveau nom, papa."

Monsieur Bittering s'assit tout à coup sur le bord du canal. Il avait froid, malgré le soleil, et son coeur battait vite. "Dis-nous donc, Quel est ce nouveau nom?"

"LINNL. C'est un joli nom, n'est-ce pas? N'est-ce pas, maman?"

Monsieur Bittering couvrit ses yeux de sa main froide. Il pensa à la fusée. Il pensa aux heures de travail qu'il avait passé tout seul pour sauver sa famille. Mais c'était en vain! Tout le monde se transformait. Il ne pouvait rien faire contre cela. Et il était le seul à remarquer les transformations et la seule personne à s'en inquiéter.

Il entendit la voix de sa femme, qui disait, "Pourquoi pas?"

Il entendit sa propre voix. "Oui, tu peux t'appeler Linnl."

"Yaaaaa!" cria le garçon. "Je m'appelle Linnl, Linnl, LINNL!" Il courut le long du canal: il riait, il criait, il dansait.

Bittering regarda sa femme. "Pourquoi lui avons-nous donné la permission?"

"Je ne sais pas," répondit-elle. "Cela semblait une bonne idée, je suppose. Et pourquoi pas, après tout?"

Chapitre 13

Plus tard ils firent une promenade en auto. Ils allèrent vers les collines. Ils s'arrêtèrent près d'une vieille ville martienne et ils descendirent de la voiture.

La ville était blanche et déserte dans la chaleur du soleil. Elle ne ressemblait pas à une ville de la Terre. Elle était composée de groupes de maisons blanches, entourées de beaux jardins. Il n'y avait pas de rues, exactement, mais de petits sentiers allant d'une maison à l'autre.

Ces sentiers étaient couverts de mosaïque, dont les couleurs étaient encore vives et belles. Il y avait des tableaux en mosaique; des images de gens qui étaient grands et noirs aux yeux d'or. Les sentiers étaient couverts d'eau. Ils ôtèrent leurs sandales et marchèrent dans l'eau pied-nus. C'était si rafraîchissant! Il était évident que les Martiens avaient su s'organiser et n'avaient pas souffert de la chaleur.

"Quelle bonne idée nous avons eu de venir ici!" s'exclama Madame Bittering. "J'aime bien ces jolis sentiers. L'eau est très rafraîchissante avec cette chaleur. C'est mieux ici que dans notre ville."

Tout près de la ville se trouvait une jolie villa blanche. Elle était au sommet d'une petite colline. De là on pouvait. voir toute la vallée, les canaux et même la ville des hommes. Le jardin était beau et, comme dans la ville, une mince pellicule d'eau recouvrait les sentiers. Ils suivirent un sentier bleu qui les conduisit à la porte d'entrée.

"Ohé!" cria Linnl. "Entrons, papa. Voyons ce qu'il y a dans une vraie maison martienne!"

"N'y entre pas," dit la mère nerveusement. "On ne sait pas ce qu'il y a dedans. Des animaux sauvages, peut-être. N'y entre pas!"

"Il n'y a pas d'animaux sauvages sur Mars," dit Bittering d'une voix calme. "Tu le sais bien, Cora. Et je veux voir, moi aussi, l'intérieur d'une vraie maison martienne."

Ils y entrèrent donc.

Les salles étaient grandes et fraîches. C'était bien agréable après être restés au soleil. Il y avait de beaux tableaux sur les murs: des tableaux énormes de bêtes étranges et de gens qui étaient grands et noirs et qui avaient des yeux d'or. Il y avait même une piscine dans la maison, une piscine remplie de l'eau verte de Mars.

"C'est formidable d'avoir une piscine dans la maison!" s'exclama Laura. "Que j'aime cette maison!"

"Oui, il faut admettre," dit Madame Bittering," que c'est une belle maison, et si pratique. Ils savaient vivre confortablement, ces Martiens."

Personne ne dit rien pendant queleques minutes. Ils étaient assis autour de la piscine.

"J'aimerais," continua Madame Bittering, "oui,

27

j'aimerais bien habiter cette villa-ci." Elle regarda son mari, hésita un moment, puis lui demanda, "Et si nous passions l'été ici, Harry? Nous serions si bien et il fait si chaud là-bas dans la vallée."

A ces mots, Monsieur Bittering se leva brusquement. "Venez!" dit-il d'une voix décidée. "Venez, tous. Il faut retourner à notre ville, à notre propre maison. Ceci est une ville pour les Marticns. Nous sommes des hommes de la Terre et nous avons une maison là-bas, une ferme et des animaux. Et moi, j'ai une fusée à construire, j'ai beaucoup de travail. Allez, venez!"

Chapitre 14

Ils s'en retournèrent donc, à travers les prairies, le long
du canal, dans leur petite ville de la vallée chaude. Mais
ce soir-là, comme il travaillait, Harry Bittering pensait
sans cesse à la villa, là-haut parmi les collines. Il pensait
aux sentiers couverts d'eau et à la belle piscine dans la
maison même. Il était couvert de sueur, car il faisait
chaud sur le chantier. Et il ne faisait que commencer à
construire la fusée. Il se sentait un peu découragé.

Comme les heures passaient, la fusée lui semblait de
moins en moins importante. Les autres avaient peut-être
raison. Il ne pouvait pas la construire tout seul!

Pendant les jours suivants il dut faire des efforts pour
continuer à travailler. Il avait un peu peur de cesser de
travailler. Il avait peur d'admettre qu'il changeait, lui
aussi. "Il fait trop chaud, c'est tout," se dit-il. "Il fait bien
trop chaud en été pour travailler. Et il y a trop de poussière.
Il est impossible de travailler dans de telles conditions."

Un jour il entendit deux hommes parler, juste à l'entrée
du chantier.

"Tout le monde s'en va. Le savais-tu?"

"Oui. Ma femme me l'a dit."

Harry sortit. "Où va-t-on?" demanda-t-il. Il vit passer
deux camions, chargés d'enfants et de meubles. Ils quittaient
la ville et s'en allaient vers les collines. Les gens dans les
camions chantaient gaîment. Ils semblaient fort joyeux.

"On quitte cette ville. On va dans les collines," répondit
l'un des hommes.

"Oui, Harry, on va dans les villes martiennes. Il fait
moins chaud là-haut", dit l'autre. "Et leurs maisons sont
plus pratiques avec cette chaleur. J'y vais avec ma famille.
Nous partons demain."

29

"Nous partons demain aussi," dit le premier. "Je m'ennuie ici. Il fait si chaud que je ne peux pas travailler. Tu viens aussi, Harry, sans doute."

"J'ai trop à faire ici," répondit Bittering.

"Tu vas travailler dans cette chaleur? Tu es fou! Tu pourras travailler à la fusée en automne, quand il fera moins chaud."

"Non," s'obstina Harry. "J'y ai déjà tant travaillé. Je ne veux pas m'arrêter maintenant."

"Tu feras mieux d'attendre l'automne. Tu travailleras mieux quand il fera moins chaud." Ils parlaient lentement à cause de la chaleur.

"Il faut travailler maintenant," insista-t-il, mais sans enthousiasme.

"En automne," répétèrent-ils, en souriant un peu. Et ceci lui sembla soudain très raisonnable. Il était couvert de sueur, il n'était pas du tout à l'aise. Il ne pouvait travailler que lentement.

"Oui," se dit-il. "Après tout, ils ont raison. Je travaillerai mieux en automne quand il fera moins chaud." Non, cria une petite voix dans sa tête, non, tu deviens comme eux, tu changes aussi. Ne te laisses pas entraîner. Luttes! Fais quelque chose. Luttes!

"Viens avec nous," dirent les hommes.

Il hésita encore un moment, puis, "Oui," dit-il enfin. "Oui. Je viens. Je recommencerai en automne."

"Nous avons trouvé une belle villa près du Canal Tirra," dit un homme.

"Le Canal Tirra? Tu veux dire le Canal Roosevelt, n'est-ce pas?"

"Tirra. Je préfère les anciens noms martiens, les vrais noms."

"Mais sur la carte…"

"Oubliez la carte. C'est Tirra maintenant. On préfère les vrais noms," répéta l'homme.

"Moi, j'ai une villa dans les montagnes Pillan," dit Sam, qui venait d'arriver.

"Tu veux dire les Montagnes Rockerfeller," interrompit Bittering.

30

"Je veux dire les Montagnes Pillan," insista Sam.

"Oh, oui," dit Bittering. Tout changeait, même les noms. Il ne pouvait rien faire pour l'arrêter. Il ne voulait rien faire — il faisait bien trop chaud pour se quereller.

"Chez nous, dans les montagnes," continua Sam, "c'est si calme. Pas de bruits, pas de travail — on est bien et on goûte les joies d'une vie tranquille. Et la vue — un panorama splendide et toujours changeant. Il faudra nous rendre visite un jour, Harry."

"Oui, certainement. Mais je ne savais pas que tu aimais la vie tranquille. En tant qu'ingénieur tu as toujours été actif."

"Trop," dit Sam fermement. "Et j'ai changé. Je préfère maintenant une vie paisible. J'ai envie de me reposer."

Chapitre 15

Les hommes se dirent au revoir et s'en allèrent chez eux. Il y avait beaucoup à faire avant de partir. Toutes les familles travaillèrent beaucoup pendant le reste de la journée. Ils chargèrent leurs camions, leurs automobiles. Les femmes rangèrent leur maison; les hommes s'occupèrent des fermes, des animaux; les enfants choisirent les jouets et les livres qu'ils voulaient emporter.

Laura, Tim et David, ou plutôt Ttil, Linnl et Werr, puisque tels étaient leurs nouveaux noms, apportèrent leurs bagages à leur père. Il y avait très peu de choses. Evidemment ils ne s'intéressaient plus aux jouets et aux livres de la Terre.

On laissa tous les meubles dans la petite maison bleue et blanche.

"J'aimais bien ces fauteuils chez nous sur la Terre," dit la mère, "et ils vont très bien dans cette maison-ci. Mais là-haut dans la villa? Non, nous pouvons les laisser ici. Nos affaires seront en sécurité. Nous les retrouverons en automne."

Bittering ne parlait pas beaucoup. Il pensait à quelque chose.

"J'ai des idées pour faire des meubles pour notre villa," annonça-t-il du bout d'un moment. "De grands fauteuils où l'on peut se reposer. Je ne me sens jamais à l'aise dans ces fauteuils-ci. Ils sont bien trop petits."

"Oui, d'accord," dit sa femme. "Toutes les choses ici sont trop petites, à vrai dire. Même la maison. Nous serons bien plus à l'aise là-haut dans la villa." Elle jeta un coup d'oeil sur les objets du salon. "Oh, Harry, ton encyclopédie! Il faut la mettre dans la camionnette. Tu en auras certainement besoin."

Monsieur Bittering dit, sans regarder sa femme. "Oh, euh, oui. Mais je vais revenir dans quelques jours et alors je la prendrai.

Cora ne lui dit rien. Elle se tourna vers sa fille. "Et toi, Laura, ou plutôt Ttil, tu ne veux pas tes belles robes de New York?"

La jeune fille regarda sa mère, ne sachant trop quoi dire. "Je ne les aime plus, maman. Et puis, elles sont trop petites maintenant. J'ai grandi, tu sais."

On coupa l'eau et le gaz, et ferma la porte à clef. Le père regarda dans leur camionnette.

"Mon dieu, nous n'emportons pas grand'chose!" s'exclama-t-il. "Quand je pense à tout ce que l'on a apporté sur Mars, cela m'étonne. Il n'y a presque rien ici! Etes-vous certains, tous, que vous avez tout mis dans la camionnette?"

"Oui," dirent-ils en choeur. "Nous n'avons pas besoin de grand'chose. Et il y a ce qu'il faut dans la villa. Nous en aurons bien assez."

Monsieur Bittering mit le moteur en marche. Il se retourna pour regarder une dernière fois la maison qu'il avait bâtie lui-même. Il avait envie de courir la toucher pour lui dire au revoir. Il lui sembla qu'ils allaient faire un long voyage, et qu'ils ne reviendraient jamais. "Quelle idée stupide!" se dit-il. "Je suis fatigué, c'est tout. J'ai trop travaillé à la fusée."

A ce moment-là, Sam et sa famille passèrent dans leur camionnette.

"Ohé, Bittering! On s'en va!"

Les Bittering quittèrent la ville. Ils suivirent une ancienne route martienne à travers les prairies. Soixante autres voitures suivirent la même direction ce jour-là. La ville était pleine de la poussière que soulevaient les voitures, mais les eaux du canal étaient vertes et tranquilles sous le soleil et un léger vent agitait l'herbe raide.

"Au revoir, ville!" cria Monsieur Bittering, en la regardant une dernière fois.

"Au revoir! Au revoir!" cria toute la famille, en agitant la main.

Après quoi on ne se retourna plus.

Chapitre 16

En plein été il n'y avait presque pas d'eau dans les canaux. Le soleil brûlait les champs, et les plantes de la Terre étaient mortes par manque d'eau. Dans la ville

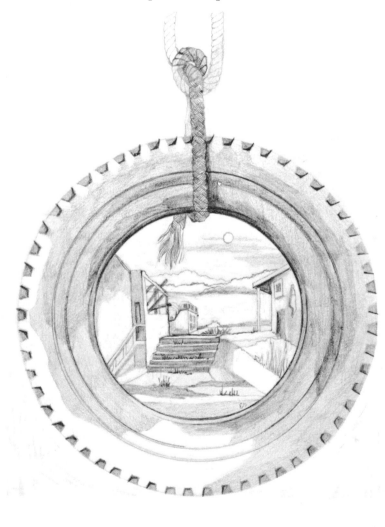

déserte les maisons perdirent de leur attrait et peu à peu, les murs perdirent de leur couleur. Les pneus, avec lesquels les enfants avaient joué, étaient suspendus aux arbres des cours et ressemblaient à des pendules arrêtées. Personne n'y revint, même pas pour y passer une journée.

Et sur le chantier, le châssis de la fusée commençait à rouiller.

Chapitre 17

En automne, Monsieur Bittering s'arrêta un moment dans le jardin de la villa pour regarder la ville là-bas dans la vallée. Il était très noir, maintenant, et très grand, et il avait des yeux d'or.

"Nous devrons retourner à la ville bientôt," dit sa femme. "L'été est presque fini. Oui, nous devrons y retourner, je suppose." Elle regarda alors son mari.

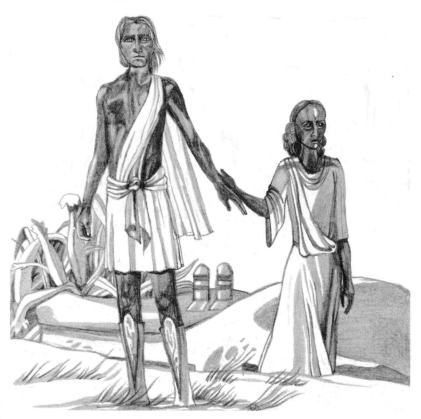

"Non," dit-il à voix basse. "Tu ne veux pas y retourner, les enfants ne veulent pas y retourner et moi, non plus. Pourquoi donc y aller? Il n'y a rien pour nous là-bas, dans cette petite ville."

"Mais tes livres?" demanda-t-elle. "Et notre maison?"

"Tes ILLES?" demanda-t-elle. "Et notre RUENDA?"

"Quels livres?" répondit Harry. "Il n'y a rien d'intéressant dans ces livres-là. Ces hommes de la Terre ne savent pas écrire parce qu'ils ne savent pas penser. Ils sont si petits et si stupides. Et leur ville est déserte. Il n'y a personne là-bas. Il n'y aura jamais plus personne. Non, on ne va pas y retourner, on va rester ici. Il n'y a plus rien pour nous dans cette ville."

Chapitre 18

On resta donc dans la belle villa blanche, où la vie était si agréable. On était heureux là-haut. La fille faisait de belles tapisseries et les fils jouaient de la flûte. On riait beaucoup, on ne se dépêchait jamais. Le père fit de grands fauteuils très confortables, puis il commença à creuser une fontaine dans l'une des salles bleues. La mère avait l'air aussi jeune que sa fille. La vie n'avait jamais été si merveilleuse.

Un jour Monsieur Bittering, ou plutôt Mmion Vlanta, s'arrêta encore une fois dans son jardin pour regarder la ville là-bas dans la vallée.

"Quelles maisons bizarres!" dit-il. "Si basses et si petites. Elles ont l'air absurde! Ces hommes de la Terre ne savaient pas vivre."

"Ils ne savaient rien faire," dit sa femme. "Et ils étaient laids! Je suis bien contente maintenant qu'ils sont partis".

Ils se regardèrent, étonnés. Qu'est-ce qu'ils venaient de dire? Puis ils rirent.

"Oui, où sont-ils allés?" demanda-t-il, en riant. "Mais ce n'est pas important. Tu as raison, mon amie. Ils étaient bien laids et bien stupides, et ils ne savaient rien faire." Il regarda sa femme. Elle était grande et mince, aux yeux d'or. Il la trouva belle et elle semblait presqu'aussi jeune que sa fille.

Elle regarda son mari. Lui aussi était grand et mince, et il semblait presqu'aussi jeune que ses fils.

"Nous irons visiter cette ville un jour," continua-t-il. "L'année prochaine, peut-être, ou l'année d'après — ça, ne presse pas." Il était tout à fait calme. "Et maintenant j'ai chaud. Viens nager avec moi."

Ils se retournèrent et ne regardèrent plus la vallée. Se donnant le bras ils marchèrent lentement le long d'un sentier couvert d'eau pure.

Chapitre 19

Cinq années plus tard une fusée venant de la Terre traversa le ciel et atterrit près de la ville. Le métal se refroidit vite dans le vent continuel et bientôt la porte s'ouvrit. Des hommes sautèrent de la fusée en criant.

"Ohé! Nous avons gagné! La guerre est finie! Nous sommes venus vous sauver. Ohé!"

Mais tout était silencieux dans la petite ville bâtie par

les colons américains. Il n'y avait personne dans les petites maisons de bois, pas d'animaux dans les fermes et pas de plantes de la Terre dans les jardins. On trouva le châssis d'une fusée sur un chantier désert, où tout était couvert de rouille et de poussière. Un groupe d'hommes quitta la ville pour chercher les colons. Le capitaine établit son quartier général dans le café abandonné. Son second revint plus tard lui dire ce qu'on avait trouvé.

"La ville est tout à fait déserte, capitaine, mais nous avons trouvé des Martiens dans les collines. Des gens noirs aux yeux d'or. Ils sont très aimables. Nous leur avons parlé un peu. Ils sont très intelligents, ils apprennent vite l'anglais. Je suis certain, monsieur, qu'ils ne nous gêneront pas. Ils ne sont pas du tout hostiles."

"Noirs, dites-vous?" demanda le capitaine. "Combien y en a-t-il?"

"Six ou huit cents, je dirais, peut-être mille. Ils habitent de vieilles villes parmi les collines. Ils sont très civilisés, mais pas matérialistes. Des gens grands, monsieur, et en fort bonne santé, paraît-il. Les femmes sont extrêmement belles."

"Et que savent-ils des colons qui ont bâti cette ville?"

"Ils ne savent rien, ni de la ville, ni de ses habitants, monsieur."

"C'est étrange! Ces Martiens les ont tués, peut-être. Qu'en pensez-vous, second?"

"Ils ont l'air très paisible, monsieur. Et ils sont si contents de leur propre vie qu'ils n'ont pas de raison pur tuer les colons. Leur ville, monsieur, est la plus belle que j'ai jamais vue. Ils sont si calmes, si heureux et si intelligents! Oh, non, ils n'ont pas tué les colons, j'en suis sûr! Il y a eu peut-être une épidémie, quelque maladie qu'on n'a pas pu guérir."

"Peut-être. Voici, je suppose, un de ces mystères, comme on en lit dans les livres, qu'on ne résoudra jamais."

Chapitre 20

Le capitaine regarda autour de la salle. Par les fenêtres sales il pouvait voir les montagnes. Elles étaient basses et bleues à l'horizon. Il pouvait justement voir l'une des villes martiennes. Elle avait l'air d'un squelette blanc se détachant sur le bleu de l'horizon. L'eau du canal brillait sous le soleil torride et un petit vent soufflait tout le temps. Il frissonna, sans savoir pourquoi. "Elle est très belle, cette planète," se dit-il, "mais au fond je ne l'aime pas." L'herbe était raide et bizarre, et les couleurs étaient trop différentes de celles de la Terre. Il se tourna vers une grande carte de la région, que l'on avait fixée au mur. Il la tapota du doigt.

"Beaucoup à faire, second," dit-il. Il parla à voix basse pendant une bonne demie-heure. Le soleil commença à se coucher derrière les collines bleues. "Il faut établir de nouvelles villes. Il faut chercher des minérais, creuser des mines. Il faut étudier les gens et les animaux de Mars, la biologie de la planète. Du travail, beaucoup de travail pour nous hommes de la Terre. On ne trouve plus des cartes, qui avaient été faites par les autres colons. Il faut en refaire d'autres. Nous aurons à explorer le terrain, à donner de nouveaux noms aux montagnes, aux canaux, etc. Il nous faudra beaucoup d'imagination pour trouver tous ces noms.

Qu'en pensez-vous? Pouvons-nous appeler ces montagnes les Lincoln Mountains, ce canal-là le Washington Canal? Je pourrais même donner votre nom à ces collines, second. Et vous pourriez, peut-être, donner mon nom à une ville. Qu'en pensez-vous? Et pourquoi pas nommer cette vallée Einstein Valley, et plus loin... est-ce que vous m'écoutez?"

Le second détourna son regard des montagnes bleues, de la tranquillité du paysage de Mars. Il trouvait cette gentille planète fort attrayante, et fort ennuyeux l'enthousiasme du capitaine.

"Oh, euh, oui, monsieur," dit-il. "Excusez-moi, qu'est-ce que vous disiez?"

Et ainsi commença la seconde colonisation de Mars.

Exercices

Exercices

CHAPITRE 1

A C'EST VRAI OU FAUX?

1 La fusée atterrit sur la Terre.
2 Il faisait du vent.
3 Tous les passagers prirent immédiatement la direction de la ville.
4 La famille trouva la planète très belle.
5 La planète avait été colonisée par les Américains.
6 L'un des enfants voulut retourner à la fusée.
7 Il y avait une autre ville américaine au loin parmi les collines.
8 L'homme vit un squelette près de la route.
9 Ils avaient fait un très long voyage.
10 Tout le monde portait des bagages.

B THÈMES D'IMITATION

Exemple 1 : *Ils s'arrêtèrent un moment pour regarder la planète.*
Répétez la phrase.
Maintenant traduisez en français.

a They stopped.
   They stopped for a moment.
   They stopped for a moment to look.
   They stopped for a moment to look at the planet.

b He stopped.
   He stopped for a moment.
   He stopped for a moment to look.
   He stopped for a moment to look at the rocket.

47

c She stopped.
  She stopped for a moment.
  She stopped for a moment to listen.
  She stopped for a moment to listen to the wind.

Exemple 2: *Ils pouvaient voir au loin des collines.*
Répétez la phrase.
Maintenant traduisez en français.

a They could see.
  They could see in the distance.
  They could see in the distance some hills.

b We could see.
  We could see in the distance.
  We could see in the distance the old town.

c She could hear.
  She could hear in the distance.
  She could hear in the distance the noise of the rocket.

CHAPITRE 2

A C'EST VRAI OU FAUX?

1 Les Bittering étaient venus visiter des amis sur Mars.
2 Ils achetèrent une petite maison, bleue et blanche.
3 Ils achetèrent des meubles en ville.
4 M. Bittering avait apporté des plantes de la Terre pour sa ferme sur Mars.
5 Il brûla l'herbe martienne et la remplaça avec des plantes de la Terre.
6 La pelouse et les rosiers étaient pour Madame Bittering.
7 M. Bittering jeta du sel dans le ruisseau.
8 Il était content de sa nouvelle vie.
9 Il voulut acheter des billets pour retourner sur la Terre.
10 Il y avait une guerre nucléaire sur la Terre.

Exemple 1 : *Ils avaient apporté leurs propres meubles de la Terre.*
Répétez la phrase.
Maintenant traduisez en français.

a They had brought.
   They had brought their own furniture.
   They had brought their own furniture from Earth.
b She had brought.
   She had brought her own furniture.
   She had brought her own furniture from Earth.
c We had brought.
   We had brought our own books.
   We had brought our own books from Earth.

Exemple 2 : *Cependant, ils étaient toujours un peu inquiets.*

a They were always.
   They were always a little anxious.
   However, they were always a little anxious.
b You were always. (vous)
   You were always a little anxious.
   However, you were always a little anxious.
c She was always.
   She was always a little anxious.
   However, she was always a little anxious.

CHAPITRE 3

A RÉPONDEZ EN FRANÇAIS :—

1 Qui faisait chaque matin une petite inspection de la maison ?
2 Comment est-ce que le journal arrivait de la Terre ?
3 Combien de colons y avait-il sur Mars ?
4 Comment étaient les vieilles villes martiennes ?
5 Qui entendait et voyait des choses pendant la nuit ?

Exemple 1 : *Quelque chose l'inquiétait.*

a Something.
  Something was worrying.
  Something was worrying him.

b Something.
  Something was worrying.
  Something was worrying them.

c The wind.
  The wind was worrying.
  The wind was worrying me.

Exemple 2 : *Il ne se sentait jamais à l'aise.*

a He felt.
  He never felt.
  He never felt comfortable.

b We felt.
  We never felt.
  We never felt comfortable.

c I felt.
  I no longer felt.
  I no longer felt comfortable.

C CHANGEZ LA PHRASE UN PEU AVEC CHAQUE NOUVEAU MOT

Je pense les entendre. .
Elle. . . . .
. . . . voir.
. . . . le . . . .
Ils . . . .
. . . . les . . . .
Nous. . . . .
. . . . entendre.
Je . . . .

CHAPITRE 4

A RÉPONDEZ EN ANGLAIS:

1 Who brought the news?
2 What had happened on Earth?
3 Which city had been destroyed?
4 What else had been destroyed?
5 How long would it be before anyone was likely to come to Mars again?

B TRADUISEZ EN ANGLAIS

1 Nous ne pourrons jamais retourner sur la Terre.
2 Nous ne pouvions jamais jouer près du canal.
3 Nous ne pouvons pas jouer ce soir.
4 Nous n'avons pas pu finir l'exercice.
5 Nous ne pourrions pas retourner.

C QUE VEUT DIRE 'PLUS DE FUSÉES POUR MARS'?
ET MAINTENANT, COMMENT DIT-ON:

1 No more colonists for Mars.
2 No more wars on Earth.
3 No more people killed.
4 No more noise, please.
5 No more rockets for Earth.

CHAPITRE 5

A C'EST VRAI OU FAUX?

1 M. Bittering allait prendre un billet et retourner sur la terre.
2 Il faisait chaud ce jour-là.
3 Un Martien vint parler à M. Bittering.
4 Il n'y avait que mille hommes sur Mars.
5 M. Bittering remarqua quelque chose d'étrange dans les fleurs du poirier.
6 Mme. Bittering aussi remarqua quelque chose d'étrange dans les fleurs.

7 M. Bittering arracha des carottes et des oignons pour le déjeuner.
8 Les enfants remarquèrent que les roses étaient changées.
9 Mme. Bittering aimait bien les roses vertes.
10 Les parents voulaient quitter la planète.

B CHANGEZ LA PHRASE UN PEU AVEC CHAQUE NOUVEAU MOT

1 Il a essayé d'oublier la guerre.
Ils....................
.................les fusées perdues.
Nous ....
...................le jardin martien.
.............changer................

2 Elle les prit et les examina.
....le...................
Je......................
....la..................
....prirent..............
Le garçon..............

CHAPITRE 6

A RÉPONDEZ EN ANGLAIS

1 What had happened to the cow?
2 How did Mrs. Bittering feel about the changes?
3 What had happened to the lawn?
4 How did Mr. Bittering feel?
5 What was the final straw that sent Mr. Bittering rushing into town?

B RÉPONDEZ EN FRANÇAIS

1 De quelle couleur était la pelouse?
2 Qui s'inquiétait des changements?
3 Qu'est-ce que M. Bittering voulut faire aux plantes et à la vache?

52

4 Qu'est-ce qu'il ne fallait pas manger?
5 Qu'est-ce qu'il ne fallait pas boire?
6 Qu'est-ce que M. Bittering mit pour aller en ville?

C THÈMES D'IMITATION

Exemple 1: *Une troisième corne commençait à pousser.*

a A third horn.
   A third horn was beginning.
   A third horn was beginnging to grow.
b A purple lawn.
   A purple lawn was beginning.
   A purple lawn was beginning to grow.
c Green roses.
   Green roses were beginning.
   Green roses were beginning to grow.

Exemple 2: *Il nous faut quitter cette planète.*

a We must.
   We must leave.
   We must leave this planet.
b I must.
   I must leave.
   I must leave this house.
c They must.
   They must leave.
   They must leave this town.
d He must.
   He must leave.
   He must leave this valley.

CHAPITRE 7

A RÉPONDEZ EN FRANÇAIS
1 Où est-ce que M. Bittering trouva ses amis?

2 Étaient-ils contents de le voir?
3 Qu'est-ce que M. Bittering voulut faire pour quitter Mars?
4 Qui avait un chantier, et pourquoi?
5 Comment étaient les yeux de Sam?

B THÈMES D'IMITATION

Exemple 1: *Il avait envie de tirer un coup de revolver.*

a He felt like.
 He felt like firing.
 He felt like firing a shot.
b They felt like.
 They felt like firing.
 They felt like firing a shot.
c They felt like.
 They felt like building.
 They felt like building a rocket.

Exemple 2: *Je te laisse ce métal pour cinq cents francs.*

a I'll leave you.
 I'll leave you that metal.
 I'll leave you that metal for 500 francs.
b He'll leave you.
 He'll leave you the furniture.
 He'll leave you the furniture for 600 francs.
c We'll leave you.
 We'll leave you those books.
 We'll leave you those books for a hundred francs.

CHAPITRE 8

A C'EST VRAI OU FAUX?

1 Harry acheta le métal pour son ami.
2 De temps en temps les autres hommes aidaient Harry.

54

3 De temps en temps Harry alla boire une bière au café.
4 M. Bittering mangea avec plaisir les fruits de son jardin.
5 Il restait encore de la nourriture de la Terre dans le réfrigérateur des Bittering.
6 Mme. Bittering s'inquiétait de son mari.
7 M. Bittering avait travaillé plusieurs fois dans un chantier quand il était étudiant.
8 Il préférait travailler seul.

B CHANGEZ LA PHRASE UN PEU AVEC CHAQUE NOUVEAU MOT

Ils se contentaient de rester près de la porte.
.....contentait......................
.... chantier.
.................travailler...........
.............................à...........
.............................maison.
Je.....................................
.................rester.............

C THÈMES D'IMITATION

Exemple 1 : *C'est de la nourrituree martienne. Je n'en veux pas!*

a It's food.
  It's Martian food.
  It's Martian food. I don't want any!
b It's food.
  It's frozen food.
  It's frozen food. I don't want any!
c It's food.
  It's food from Earth.
  It's food from Earth. They don't want any!

CHAPITRE 9

A RÉPONDEZ EN FRANÇAIS

1 Où se trouvaient les villes martiennes?

55

2 Où se trouvait la ville des hommes.
3 Pourquoi est-ce que M. Bittering dormait mal?
4 Comment était Mme. Bittering maintenant?
5 Qu'est-ce que M. Bittering vit une nuit?
6 Qu'est-ce que M. Bittering n'osait plus faire?
7 Pourquoi est-ce qu'il téléphona à Simpson.
8 Quel était l'ancien mot martien pour désigner la Terre?

B RÉCRIVEZ LE SECOND PARAGRAPHE, MAIS COMMENCEZ
CETTE FOIS PAR:—
Cette nuit-là...

C THÈMES D'IMITATION
Exemple 1 : *Robert n'osa plus se regarder dans le miroir.*

a Robert dared.
Robert no longer dared.
Robert no longer dared to look at himself.
Robert no longer dared to look at himself in the mirror
b I dared.
I no longer dared.
I no longer dared to look at myself.
I no longer dared to look at myself in the mirror.
c We dared.
We no longer dared.
We no longer dared to look at ourselves.
We no longer dared to look at ourselves in the mirror.

CHAPITRE 10

A RÉPONDEZ EN FRANÇAIS

1 Pourquo est-ce que M. Bittering prit tous ses repas sur
le chantier?
2 Que faisait-il exactement?
3 Comment travaillait-il?
4 Pourquoi M. Bittering allait-il au café?
5 Comment est-ce que M. Bittering changeait?

56

1 Tout le monde savait que Jean ne mangeait pas bien.

Je . . . .

. . . . les autres . . . .

Nous . . . .

. . . . assez.

. . . . nous . . . .

Ils. . . . .

2 Pourquoi ne te reposes-tu pas davantage ?

. . . . .il. . . . . ?

. . . . .un peu. ?

. . . . .elles . . . . ?

. . . . .mangent . . . . ?

. . . . .vous. . . . . ?

. . . . ici ?

CHAPITRE 11

A C'EST VRAI OU FAUX ?

1 Il y avait de la nourriture surgelée dans le réfrigérateur.
2 Ce jour-là M. Bittering était trop fatigué pour travailler.
3 M. Bittering mangeait trop.
4 Mme. Bittering aimait bien la nourriture martienne.
5 Mme. Bittering persuada à son mari de prendre un jour de congé.
6 Les enfants voulaient nager dans la piscine.

B THÈMES D'IMITATION

Exemple 1 : *Tu travailleras mieux après un repas.*

a You will work.
   You will work better.
   You will work better after a meal.
b He will work.
   He will work better.
   He will work better after a meal.

c They will work.
They will work better.
They will work better after a day off.

C RÉCRIVEZ AU PASSÉ COMPOSÉ LE PARAGRAPHE QUI COMMENCE:

"Il prit un sandwich...

CHAPITRE 12

A TRADUISEZ EN ANGLAIS

1 M. Bittering travailla, tandis que Sam se reposait.
2 Il vit les anciennes villes, villes qui auparavant étaient pleines de monde.
3 La robe n'est pas verte exactement, c'est plutôt jaunâtre.
4 Depuis combien de temps travailles-tu sur la fusée.
5 Je deviens très bronzé, mais je ne m'en inquiète pas.
6 Il avait chaud malgré le vent.

B CHANGEZ LA PHRASE UN PEU AVEC CHAQUE NOUVEAU MOT

1 Il était surpris de les trouver délicieux.
...... content....................
Elles ....
.... enfin.
Je.................................
.... voir............
Nous ....
...... étiez ....

2 Je deviens martien et je ne m'en inquiète pas.
Vous ....
Il ....
.. deviennent...........................
Tu ....
.. devenons ....

58

Exemple: *Voici au moins une chose martienne que j'aime.*

a Here's one thing.
Here's at least one thing.
Here's at least one Martian thing.
Here's at least one Martian thing that I like.

b Here are two things.
Here are at least two things.
Here are at least two Martian things.
Here are at least two Martian things that I like.

c Here's one town.
Here's at least one town.
Here's at least one French town.
Here's at least one French town that I like.

d Here's one house.
Here's at least one house.
Here's at least one new house.
Here's at least one new house that we like.

CHAPITRE 13

A C'EST VRAI OU FAUX?

1 Ils allaient vers les collines visiter leurs amis martiens.
2 Il n'y avait personne dans la villa.
3 Ils marchèrent dans un ruisseau pour se rafraîchir un peu.
4 Mme. Bittering préférait la villa martienne.
5 Ils trouvèrent une jolie villa blanche dans la ville martienne.
6 Il y avait une belle vue du jardin de la villa.
7 Laura était très contente de trouver une piscine au jardin de la villa.
8 Il faisait chaud dans la villa.
9 Mme. Bittering proposa à son mari de passer l'été dans la villa.
10 M. Bittering voulait bien y passer l'été.

Exemple 1 : *J'aimerais bien habiter cette villa-ci.*

a I'd like.
  I'd really like.
  I'd really like to live.
  I'd really like to live in this villa.

b We'd like.
  We'd really like.
  We'd really like to live.
  We'd really like to live in this town.

c She'd like.
  She'd really like.
  She'd really like to live.
  She'd really like to live in this house.

Exemple 2 : *Plus tard ils firent une promenade en auto.*

a Later on.
  Later on they went for a ride.
  Later on they went for a ride in the car.

b Later on.
  Later on he went for a ride.
  Later on he went for a ride on his bicycle.

c Later on.
  Later on we went for a ride.
  Later on we went for a ride in the car.

CHAPITRE 14

A TRADUISEZ EN ANGLAIS

1 Il ne faisait que commencer à construire la fusée.
2 Comme les heures passaient, la fusée lui semblait de moins en moins importante.

3 Pendant les jours suivants il dut faire des efforts pour continuer à travailler.
4 Tu pourras travailler à la fusée en automne, quand il fera moins chaud.
5 Il faudra nous rendre visite un jour, Harry.
6 En tant qu'ingénieur, tu as toujours été très actif.

1 Il pensait aux sentiers couverts d'eau.
Nous . . . .
. . . . neige.
Ils . . . .
. . . . prairies . . . .
Je . . . .
. . . . vallée . . . .

2 Il est impossible de travailler dans de telles conditions.
. . . . vivre . . . .
. . . . maison.
. . . . rester . . . .
. . . . chantier.
. . . . la construire . . . .
. . . . ville.

1 Où se trouvait la petite ville?
2 Où est-ce que M. Bittering travaillait?
3 Est-ce qu'il avait presque fini sa fusée?
4 Pourquoi continua-t-il de travailler?
5 Qui parlait près du chantier?
6 Qu'est-ce qui passa le chantier?
7 Où est-ce que les gens allaient?
8 Pourquoi ne voulait-on pas rester?
9 Quand est-ce que Monsieur Bittering avait l'intention de revenir?
10 Qui avait trouvé une villa dans les montagnes?

CHAPITRE 15

Exemple 1 : *Nous serons bien plus à l'aise dans la villa.*

a We will be.
   We will be comfortable.
   We will be much more comfortable.
   We will be much more comfortable in the villa.

b She will be.
   She will be comfortable.
   She will be much more comfortable.
   She will be much more comfortable in the car.

c They will be.
   They will be comfortable.
   They will be much more comfortable.
   They will be much more comfortable in the swimming
   pool.

Exemple 2 : *Il se retourna pour la regarder une dernière fois.*

a He turned round.
   He turned round to look.
   He turned round to look at it.
   He turned round to look at it one last time.

b They turned round.
   They turned round to look.
   They turned round to look at it.
   They turned round to look at it one last time.

c I turned round.
   I turned round to look.
   I turned round to look at them.
   I turned round to look at them one last time.

B RÉPONDEZ EN FRANÇAIS

1 Qui s'occupèrent des maisons ?

2 Est-ce que les jeunes Bittering avaient beaucoup de bagages?
3 Que pensait-on maintenant des fauteuils de la Terre?
4 Qu'est-ce que Laura ne voulait plus?
5 Qu'est-ce que M. Bittering ne voulait pas emporter?
6 Qu'est-ce qu'on fit avant de quitter la maison?
7 Comment était la ville ce jour-là?

CHAPITRE 16

A RÉCRIVEZ CE CHAPITRE AU PRÉSENT

B RÉPONDEZ EN FRANÇAIS

1 Comment étaient les canaux en plein été?
2 Pourquoi est-ce que les plantes de la Terre étaient mortes?
3 Comment était la ville?
4 Qu'est-ce qu'il y avait dans les cours?
5 Comment était le châssis de la fusée?

CHAPITRE 17

A RÉPONDEZ EN FRANÇAIS

1 Comment était M. Bittering maintenant?
2 Où habitait la famille?
3 Est-ce qu'on avait envie de retourner à la ville?
4 Qui était retourné à la ville?
5 Quelle langue parlait-on maintenant?

B CHANGEZ LA PHRASE UN PEU AVEC CHAQUE NOUVEAU MOT
Nous devrons retourner à la ville bientôt.
Ils . . . .
. . . . Terre . . . . . .
Il . . . .
. . . . chantier . . . .
Je . . . .
. . . . la semaine prochaine.
. . . . villa . . . .

Exemple: *Nous devrons y retourner, je suppose.*

a We will have to.
 We will have to go back.
 We will have to go back there.
 We will have to go back there, I suppose.

b She will have to.
 She will have to go back.
 She will have to go back there.
 She will have to go back there, I suppose.

c They will have to.
 They will have to stay.
 They will have to stay there.
 They will have to stay there, I suppose.

CHAPITRE 18

A C'EST VRAI OU FAUX?

1 On ne passa que l'été dans la villa.
2 On travailla dur.
3 Le père s'occupa des meubles.
4 On admira la ville là-bas.
5 M. Bittering trouva sa femme plus attrayante qu'avant.
6 On ne se sentait plus américain.
7 M. Bittering était en fort bonne santé.

B THÈMES D'IMITATION

Exemple 1: *Nous irons visiter cette ville un jour.*

a We'll go.
 We'll go and visit.
 We'll go and visit that town.
 We'll go and visit that town one day.

b You'll go. (tu)
  You'll go and visit.
  You'll go and visit that town.
  You'll go and visit that town one day.
c They'll go.
  They'll go and see.
  They'll go and see their friends.
  They'll go and see their friends one day.

Exemple 2: *La vie n'avait jamais été si merveilleuse.*

a Life.
  Life had been.
  Life had never been.
  Life had never been so marvellous.
b Holidays.
  Holidays had been.
  Holidays had never been.
  Holidays had never been so marvellous.
c Summer.
  Summer had been.
  Summer had never been.
  Summer had never been so marvellous.

CHAPITRE 19

A RÉCRIVEZ LE PREMIER PARAGRAPHE AU FUTUR (Il faudra changer la première phrase)

B TRADUISEZ EN ANGLAIS

1 On trouva le châssis d'une fusée sur un chantier désert, ou tout était couvert de rouille et de poussière.
2 Le capitaine établit son quartier général dans le café abandonné.
3 Je suis certain, monsieur, qu'ils ne vous gêneront pas.
4 Il y a eu, peut-être, une épidémie, quelque maladie qu'on n'a pas pu guérir.

5 Voici, je suppose, un de ces mystères, comme on en lit dans les livres, qu'on ne résoudra jamais.

C CHANGEZ LA PHRASE UN PEU AVEC CHAQUE NOUVEAU MOT

Son second revint plus tard lui dire ce qu'on avait trouvé.
Les officiers . . . . .ils . . . .
Nous . . . . .nous . . . .
Je . . . . .je . . . .
Elle . . . . .elle . . . .

CHAPITRE 20

A RÈPONDEZ EN FRANÇAIS

1 Qu'est-ce qu'on voyait par les fenêtres?
2 Est-ce que le capitaine était à l'aise?
3 Comment trouvait-il la planète?
4 Qu'est-ce qu'il fallait étudier?
5 Est-ce que le capitaine montra beaucoup d'imagination en choisissant les noms?
6 Est-ce que le second était à l'aise sur Mars?
7 Est-ce que le second faisait attention à ce que disait le capitaine?

B THÈMES D'IMITATION

Exemple: *Le second détourna son regard des montagnes bleues.*

a The lieutenant.
  The lieutenant looked away.
  The lieutenant looked away from the blue mountains.
b The capitain.
  The capitain looked away.
  The capitain looked away from the Martian hills.
c The colonists.
  The colonists looked away.
  The colonists looked away from the rocket.
d We looked away.
  We looked away from the town.
  We looked away from the deserted town.

Vocabulaire

Vocabulaire

d'abord	*first, at first*
s'acharner	*to work hard, slog*
accrocher	*to hang (on hook)*
les affaires (f)	*belongings*
agacer	*to get on someone's nerves, irritate*
s'agenouiller	*to kneel down*
agiter	*to wave*
aider	*to help*
aimable	*friendly*
ainsi	*thus, in this way*
air (avoir l'air)	*to look, appear, seem*
à l'aise	*comfortable*
amical	*friendly*
l'amour	*love*
ancien	*former, old*
apparaître	*to appear*
apporter	*to bring*
l'archéologue	*the archaeologist*
arracher	*to pull up, tear up*
s'arrêter	*to stop*
arriver	*to arrive, happen*
arroser	*to water*
assez	*enough, quite, rather*
s'attaquer à	*to make an attack on*
atterrir	*to land*
attrayant	*attractive*
auparavant	*previously*
autour de	*around*
autrefois	*in the past, formerly*
avant	*before*
avant de (infin.)	*before (doing something)*
les bagages	*luggage*
bas	*low*
bâtir	*to build*
battre	*to beat*
bêcher	*to dig*
besoin (avoir besoin de)	*to need*
bien sûr	*of course*
la bière	*beer*
bizarre	*strange*
boire	*to drink*
le bord	*the edge*
bouger	*to budge, stir*
du bout de	*with the end of*
briller	*to shine*
bronzé	*sun-tanned, brown*
le bruit	*the noise*

brûler	*to burn*
brusquement	*abruptly, suddenly*
cela, ça	*that*
çà et là	*here and there*
cadet	*younger*
le camion	*lorry*
la camionnette	*van*
caresser	*to stroke*
la carte	*map*
casser	*to break*
à cause de	*because of*
causer	*to chat*
cependant	*meanwhile, yet*
(sans) cesse	*without stopping, constantly*
cesser	*to stop*
la chaleur	*heat*
le champ	*field*
le changement	*change*
le chantier	*workshop*
chaque	*each, every*
chargé de	*loaded with*
charger	*to load*
le choc	*shock*
en choeur	*in a chorous*
la chose	*thing*
la clef	*key*
le coeur	*heart*
la colline	*hill*
le colon	*colonist*
comme	*like, as*
comme ça	*like that*
comment	*how*
congé (jour de congé)	*day off*
connaître	*to know*
construit	*constructed, built*
construire	*to build*
le contenu	*the contents*
contre	*against*
la corne	*horn*
le corps	*body*
couché	*lying*
se coucher	*to lie down*
couler	*to flow, sink*
le coup d'oeil	*glance*
le coup de revolver	*shot*
couper	*to cut*

69

la cour	the yard	étrange	strange
le courant	current	étranger	foreign
courir	to run	étudier	to study
la cravate	tie	évidemment	evidently, obviously
créer	to create		
creuser	to dig	fâché	angry, vexed
crier	to shout	faible	feeble, weak
cru	p.p. of croire – to believe, think	faire partie de	to be part of
		il faut	it's necessary
		il faudra	it will be necessary
davantage	more	la feuille	leaf
découragé	discouraged	fixer	to stare at
dedans	inside	la fois	time
défi	defiance	au fond de	at the bottom of
déjà	already	fondre	to melt
demain	tomorrow	formidable	great, tremendous
se demander	to ask oneself, wonder	fort	strong, very
se dépêcher	to hurry	fou (folle)	mad
depuis	since, for	frais (fraîche)	cool, fresh
depuis combien de temps	for how long	frapper	to hit, knock
se déranger	to move, put onself out	frissonner	to shiver
désespéré	desperate	la fusée	rocket
désigner	to describe, call, point out		
se détachant sur	standing out against	gagner	to win
se détourner	to turn away	gêner	to inconvenience, hinder
détruit	destroyed	généralement	generally
devenir	to become	les gens	people
devoir	to have to, must	la glace	ice-cream
Dieu	God	glisser	to slip, slide
disparaître	to disappear	grand'chose	much
donc	so, then, therefore	le goût	taste
doucement	softly, gently, quietly	goûter	to taste
sans doute	no doubt	grandir	to grow (in height)
dur	hard	grave	serious
		guérir	to cure
		la guerre	war
l'eau (les eaux)	water(s)		
s'échapper	to escape	d'habitude	usually
éclater	to burst	hein	eh!
l'écouteur	receiver	heureux	happy, fortunate
les effets	the effects	honnête	honest, decent
également	equally		
emmener	to take	ici	here
empoisonné	poisoned	une image	a picture
s'empoisonner	to poison onself	qu'importe	what does it matter?
emporter	to carry away	incessant	unceasing
l'enfance	childhood	inconnu	unknown
s'ennuyer	to be bored, fed up	indolent	lazy
ennuyeux	boring, tedious, dull	un ingénieur	an engineer
entendre	to hear	inquiet	worried, anxious
entendre parler	to hear about	(s') inquiéter	to worry
entendu	agreed	insouciant	carefree
entouré de	surrounded by	s'intéresser à	to be interested in
entraîner	to carry, drag away	l'intérieur	the inside
envie, avoir envie de	to feel like	interrompre	to interrupt
une épidémie	an epidemic	inutile	useless
essayer	to try		
l'étable	cow-shed	jadis	formerly, in the old days
établir	to establish, set up	ne... jamais	never
une étoile	a star	jaunâtre	yellowish
étonné	surprised, astonished	jaunir	to turn yellow
étonner	to surprise	jaunissant	yellowing

70

le jouet	toy
la journée	day
là	there
là-bas	down there
là-haut	up there
laid	ugly
laisser	to let, leave, allow
la langue	tongue, language
léger	light
les legumes	vegetables
au loin	in the distance
lointain	distant
le lointain	the distance
le long de	along
longtemps	for a long time
lourd	heavy
lutter	to struggle, fight
maigrir	to grow thinner
le maillot de bain	swimsuit
mal	badly
la maladie	illness
malgré	in spite of
par manque de	for lack of
le mari	husband
matérialiste	materialistic
mauvais	bad
meilleur	better
même	even, same, self
(quand même	all the same)
mentir	to tell a lie
se mettre à	to start
mettre en marche	to start up
les meubles	furniture
mieux	better
mince	slim
le minerai	ore
moins	less
au moins	at least
le morceau	piece, bit
mort	dead
le mot	word
le moteur	engine, motor
mourir	to die
le mystère	mystery
nager	to swim
ne... ni... ni	neither . . . nor
la nourriture	food
de nouveau	again afresh
les nouvelles	news
le nuage	cloud
obstiné	obstinate
s'occuper de	to look after, see to
l'odeur	smell
ohé	hey!
l'oignon	onion
l'or	gold
un os	a bone
oser	to dare
ôter	to take off

ou	or
ou bien	or else
oublier	to forget
un outil	a tool
paisible	peaceful
paraître	to appear
parfois	sometimes
parmi	among
la parole	word (spoken)
la partie	part
passionnant	exciting
patiemment	patiently
la peau	skin
le pellicule	film
la pelouse	lawn
pendant	during for
la pendule	pendulum, clock
penser à	to think about
pensif	thoughtful
se perdre	to lose oneself
ne... personne	no one
peu	little
peu à peu	gradually, bit by bit
à peu près	approximately
avoir peur	to be afraid
peut-être	perhaps
la pièce	room, piece
pire	worse
la piscine	swimming pool
la plaisanterie	joke
pleurer	to cry
plonger	to dive
ne... plus	no more, no longer
de plus	what's more
plus de	more than
plusieurs	several
plutôt	rather
le pneu	tyre
la poignée	handful
le poirier	pear tree
pourtant	yet, however
pousser	to push, utter, grow
pousser un cri	to utter a cry
la poussière	dust
la prairie	meadow, prairie
pratique	practical
presque	nearly
prier	to beg, ask
propre	clean
protéger	to protect
en provenance de	from
puisque	since
quant à	as for
le quartier	
général	headquarters
ne... que	only
quelque chose	something
quelquefois	sometimes
se quereller	to quarrel
quitter	to leave
quoi	what

71

le radis	*raddish*	souffler	*to blow*
rafraîchissant	*refreshing*	soulever	*to lift*
raid	*stiff*	souvent	*often*
raison, avoir		se souvenir de	*to remember*
raison	*to be right*	le squelette	*skeleton*
ramasser	*to pick up*	la sueur	*sweat*
ranger	*to arrange, tidy*	suivant	*following*
reçu	*received*	surgelé	*frozen*
réfléchir	*to think, reflect*	suspendu	*hanging*
se refroidir	*to cool down*		
le regard	*look, glance, gaze*	le tableau	*picture*
rejoindre	*to join*	la tache	*spot*
remarquer	*to notice*	tandis que	*whilst (contrasting*
remplacer	*to replace*		*something)*
rempli de	*full of, filled with*	tant	*so much, so many*
rendre visite à	*to pay a visit to*	en tant que	*in your job as*
se reposer	*to rest*	la tapisserie	*tapestry*
reprendre	*to resume, take back*	tapoter	*to tap*
résolu	*decided*	le tas	*heap, pile*
résoudre	*to solve*	tel	*such*
ressembler	*to resemble*	de temps en	
ressentir	*to feel*	temps	*from time to time*
rester	*to stay*	tendre	*to hold out*
ne .. rien	*nothing*	le terrain	*ground*
rire	*to laugh*	la Terre	*Earth*
le rosier	*rose-tree*	terrestre	*from Earth*
la rouille	*rust*	tirer	*to pull, fire*
rouiller	*to rust*	torride	*scorching*
le ruisseau	*stream*	tout à coup	*suddenly*
		tranquillement	*peacefully*
le sable	*sand*	la transformation	*change*
sachant	*knowing*	se transformer	*to change*
saisir	*to snatch*	le travail	*work*
sale	*dirty*	à travers	*across*
le sang	*blood*	se tromper	*to make a mistake*
sans	*without*	tuer	*to kill*
sans cesse	*without stopping*		
la santé	*health*	unique	*only*
sauf	*except*		
sauter	*to jump*	la vache	*cow*
sauvage	*wild*	se venger de	*to revenge oneself upon*
sauver	*to save*	venir de	*to have just (done*
se sauver	*to run away*		*something)*
le second	*second in command*	le verre	*glass*
en sécurité	*safe*	vers	*towards*
le sel	*salt*	la veste	*jacket*
sembler	*to seem*	la viande	*meat*
le sentier	*path*	la vie	*life*
se sentir	*to feel*	la vitre	*pane*
seul	*alone, lonely*	vive	*bright*
sévère	*stern severe*	vivre	*to live*
siffler	*to whistle*	le voisin	*neighbour*
le soin	*care, attention, trouble*	la voix	*voice*
le sol	*soil*	vrai	*true, real*
le sommet	*top*	vraiment	*really*
sortir	*to come/go out, take out*	la vue	*view*